작지만 엄청난 시리즈 ③ 미세플라스틱

미세미세한 맛 플라수프

2022년 3월 16일 초판 1쇄 발행 | **2025년 10월 1일 초판 11쇄 발행**

글 김지형·조은수   **그림** 김지형 @katzi_studio   **감수** 안윤주

펴낸이 조병연   **펴낸곳** 두마리토끼책   **출판등록** 2017-000090   **ISBN** 979-11-973034-4-9 77330

책임편집 비니   **편집** 김수연   **디자인** 디자인디   **교정** 박사례   **인쇄** 두경엠앤피

주소 서울특별시 종로구 자하문로 24길 41-22   **전화** 02-730-7714   **팩스** 02-6003-0221

메일 binibunnybooks@gmail.com   **인스타그램** instagram.com/binibunnybooks

© 김지형·조은수, 2022

 **품명** 아동도서   **재질** 종이   **제조국** 한국   **제조업체** 두경엠앤피   **제조연월** 2025년 9월
 **주소** 서울특별시 종로구 자하문로 24길 41-22   **사용연령** 3세 이상

KC 마크는 이 제품이 공통 안전 기준에 적합함을 의미합니다.
! 종이에 베이지 않도록 조심하세요. 책 모서리가 단단하고 날카로우니 던지거나 떨어뜨리지 마세요.

미세미세한 맛

플라수프

두마리토끼책

글 / 그림 김지형 (katzi)

대학교에서 판화를 공부하고, 프랑스 동북부에 위치한
스트라스부르 아르데코 HEAR(La Haute école des arts
du Rhin)에서 일러스트레이션을 공부했습니다.

그 후 한국으로 돌아와 어린이 그림책 등 여러 분야에서
그림을 그리기를 십여 년, 또다시 새로운 도전을 하고 싶은
마음에 SI그림책학교에서 다시 한번 그림책을 공부하며
〈미세미세한 맛 플라수프〉를 준비하게 되었습니다.

그림의 소재가 되고 이야기의 주제가 되는 것들을 주변의
일상에서 찾을 때가 많은데, 이 책도 평소 신경이 쓰이는
엄청난 양의 플라스틱 쓰레기들을 곳곳에서 마주하다 보니
아이들의 미래가 걱정되는 마음에 시작하게 되었어요.

글과 그림을 모두 맡은 첫 번째 글·그림책으로, 책을
보는 어린이들에게 환경을 생각하게 만드는 작은 계기가
되었으면 하는 바람입니다.

글도움 조은수

어린이 책에 글을 쓰고 그림을 그리며, 때때로 번역하는
일을 해요. 날마다 중랑천을 걸으며 새로운 얘깃거리를
궁리하는 것을 좋아합니다.

그동안 만든 책으로 〈말도 안 돼!〉, 〈녀토피아〉, 〈톨스토이의
아홉 가지 단점〉 등이 있고, 번역한 책으로 〈난 토마토 절대
안 먹어〉, 〈모두 소중해〉, 〈내일은 무지개!〉 들이 있습니다.

감수 안윤주

건국대학교 환경보건과학과 교수이며,
상허생명과학대학 학장으로 재직 중인 환경과학자입니다.
생태독성학을 전공한 후 미세플라스틱, 나노물질 등
환경오염물질이 생태계에 미치는 영향에 대해 연구하고
있습니다.

미국 Texas A&M University에서 박사 학위를 받았고,
환경독성보건학회 제18대 회장을 역임했으며, 환경부장관
표창(2008), 건국학술대상(2017), 과기부장관 표창(2020),
두산연강환경학술상 대상(2021)을 수상했습니다.

JTBC〈차이나는 클라스〉, CBS〈김현정의 뉴스쇼〉,
KBS〈정관용의 지금 이 사람〉, CJ ENM〈사피엔스스튜디오〉
등에서 미세플라스틱의 현주소를 이야기하고,
미세플라스틱을 줄이는 방법을 대중에게 전하고 있습니다.

미세미세한 맛 플라수프

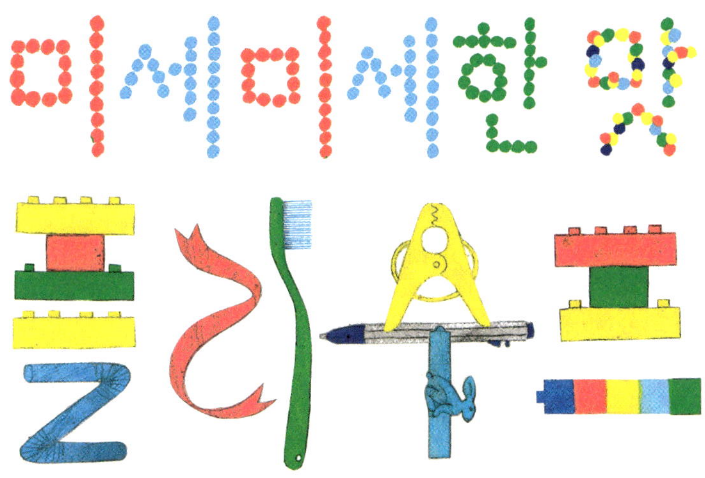

글 김지형 + 조은수 · 그림 김지형 · 감수 안윤주

아앙

울지 마. 울지 마! 얼른 뚝!
망가졌으면 또 사면 되는데 왜 울어?

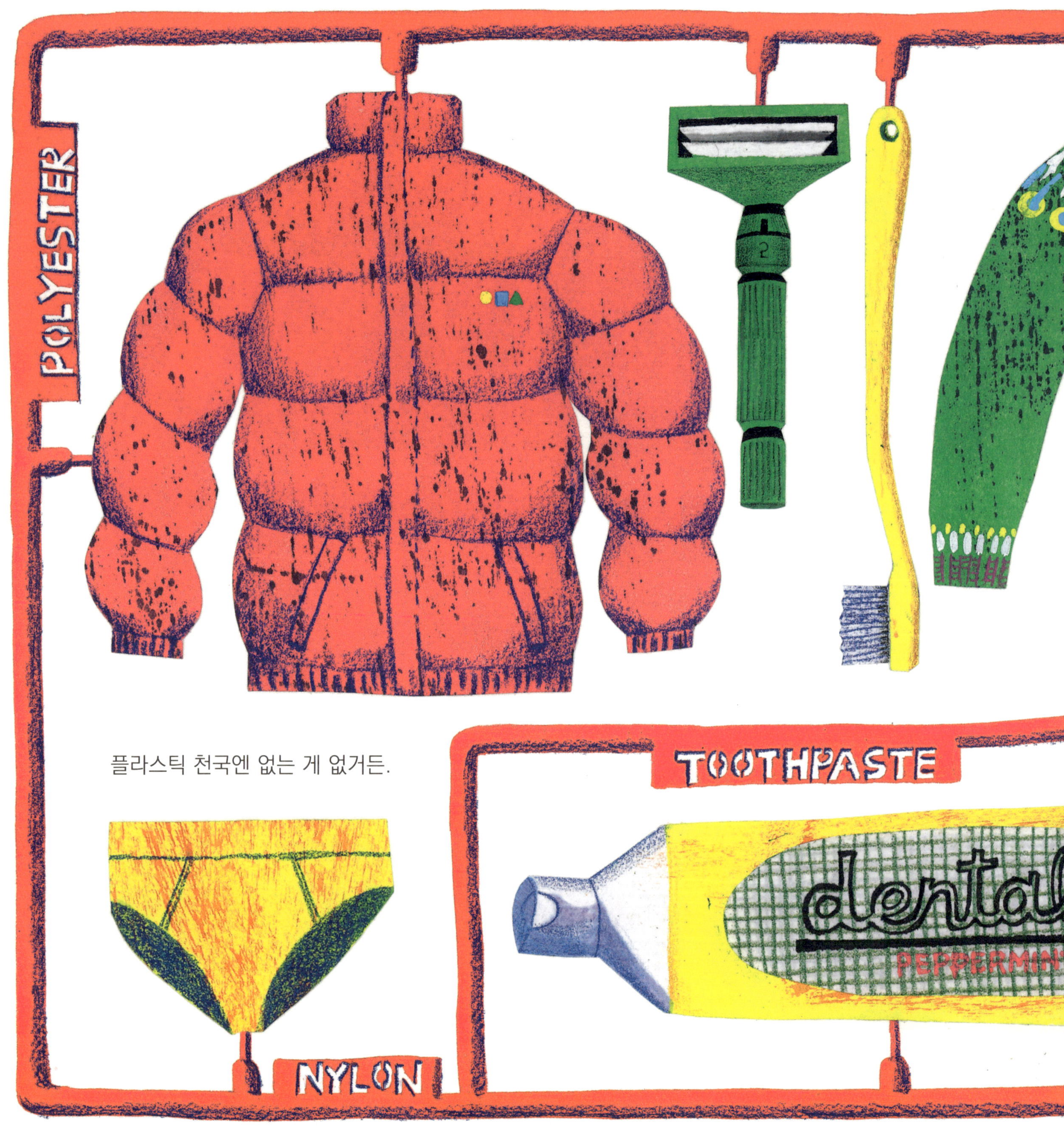

POLYESTER
TOOTHPASTE
NYLON
플라스틱 천국엔 없는 게 없거든.
dental
PEPPERMINT

ACRYLIC
SHAMPOO
NYLON
SPANDEX
EXPERT
Scalp

ACRYLIC
ABS
PP
블링블링 값싸고 예쁘고 편리한 물건이 수두룩빽빽. 폴리가 갖고 싶다면 뭐든지 다 사 줄게.

PVC
PE
PET
CAFÉ
MINERAL WATER
PET

이야, 신난다!
놀다가 망가지면 휙.
쓰다가 싫증 나면 픽.

신나게 놀았으면 씻고 자야지.

쫄쫄쫄 돌돌돌 하루의 때 알갱이 시원하게 개운하게 씻어 내리고

우리는 코~ 단잠을 자자.

모여라 모여라 이리 치이고 저리 치인 작디작은 알갱이들아,
하수도와 비를 타고
졸졸졸 세상 구경 가 볼까?

이야, 바다다! 작디작은 우리가 넓디넓은 바다를 삼켜 볼까? 꾸울꺽!

큰 물고기가 작은 물고기를 꾸울꺽!
이런, 작은 물고기가 우리를 꾸울꺽!

이런, 이런,
커다란 그물이 커다란 물고기를
꼭 붙잡네!

어라,
여기가
어디지?

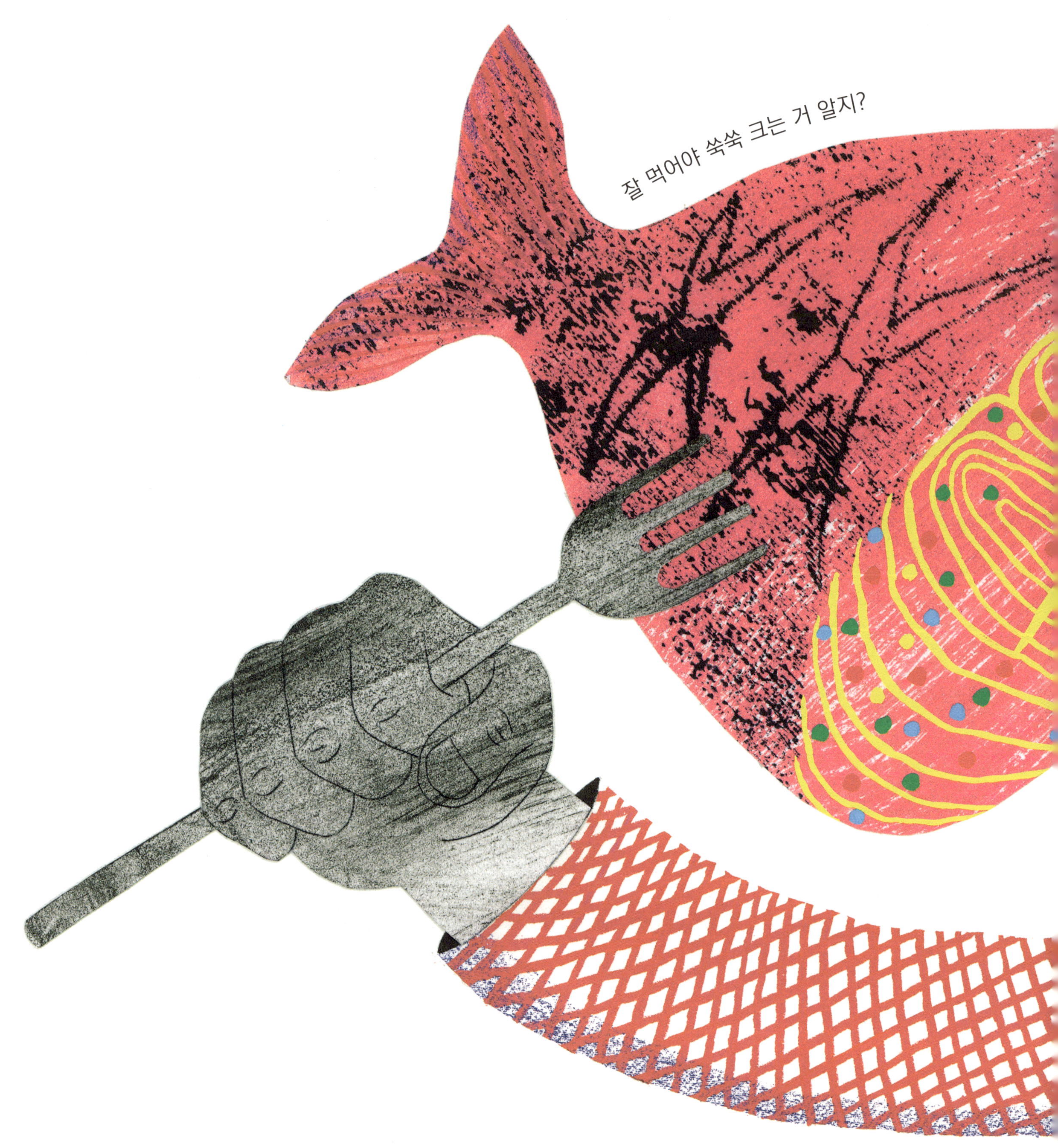
잘 먹어야 쑥쑥 크는 거 알지?

꼭꼭 씹어서 맛있게 꾸울꺽!

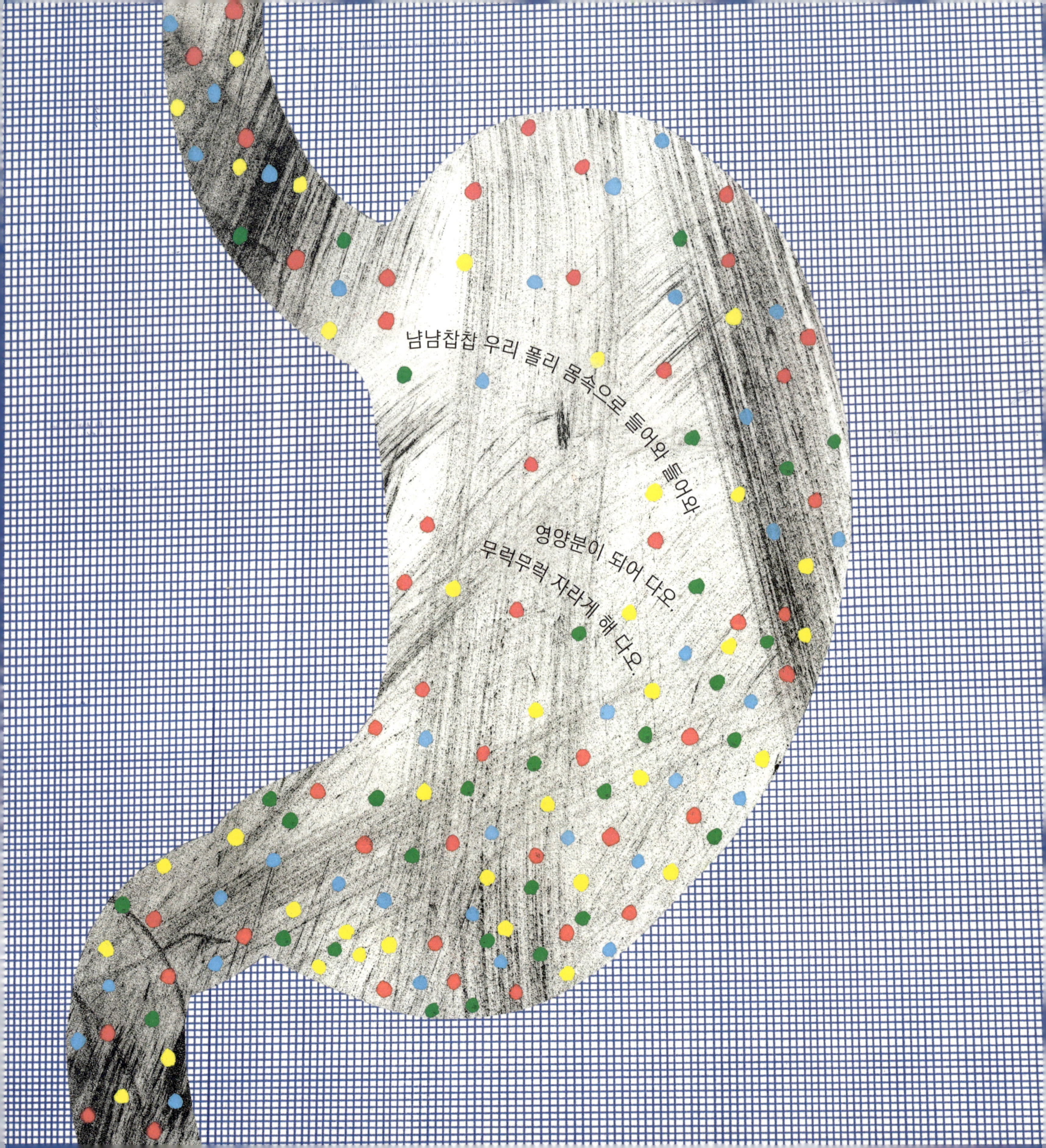

냠냠찹찹 우리 폴리 몸속으로 들어와 들어와
영양분이 되어 다오.
무럭무럭 자라게 해 다오.

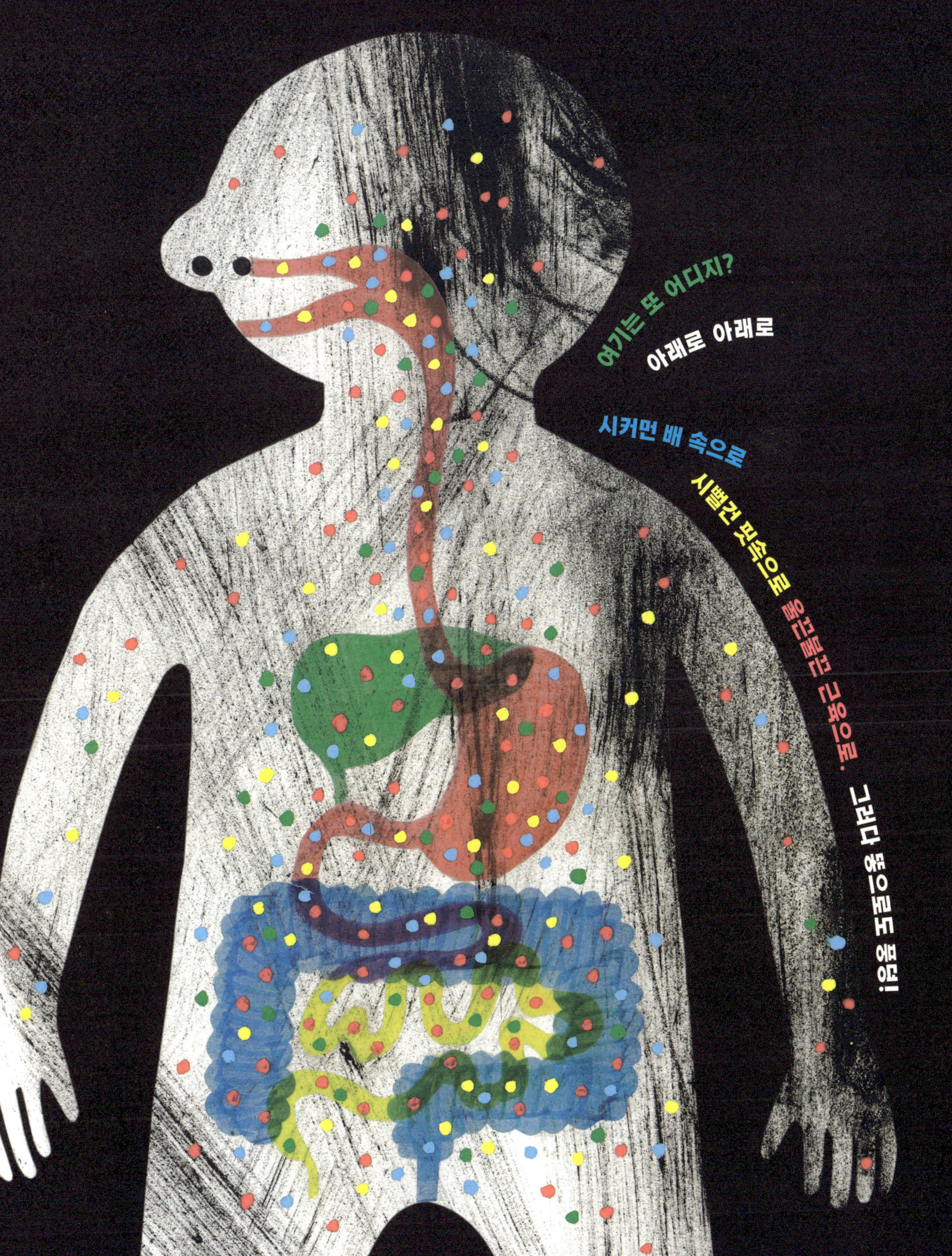

여기는 또 어디지?
아래로 아래로
시커먼 배 속으로
시뻘건 피 속으로
어디든 마다 그곳으로.
그러다 똥으로도 똥!

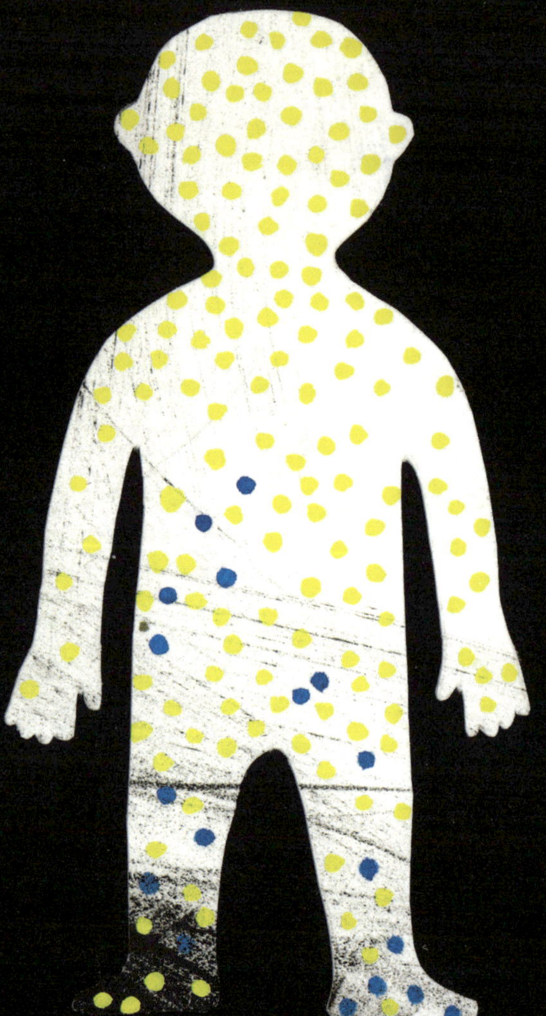
쌍여라, 쌍여라.

날마다 차곡차곡

이리 치이고 저리 치인

작디작은 알갱이들아!
....
어, 기분이 이상한데.

DUMP

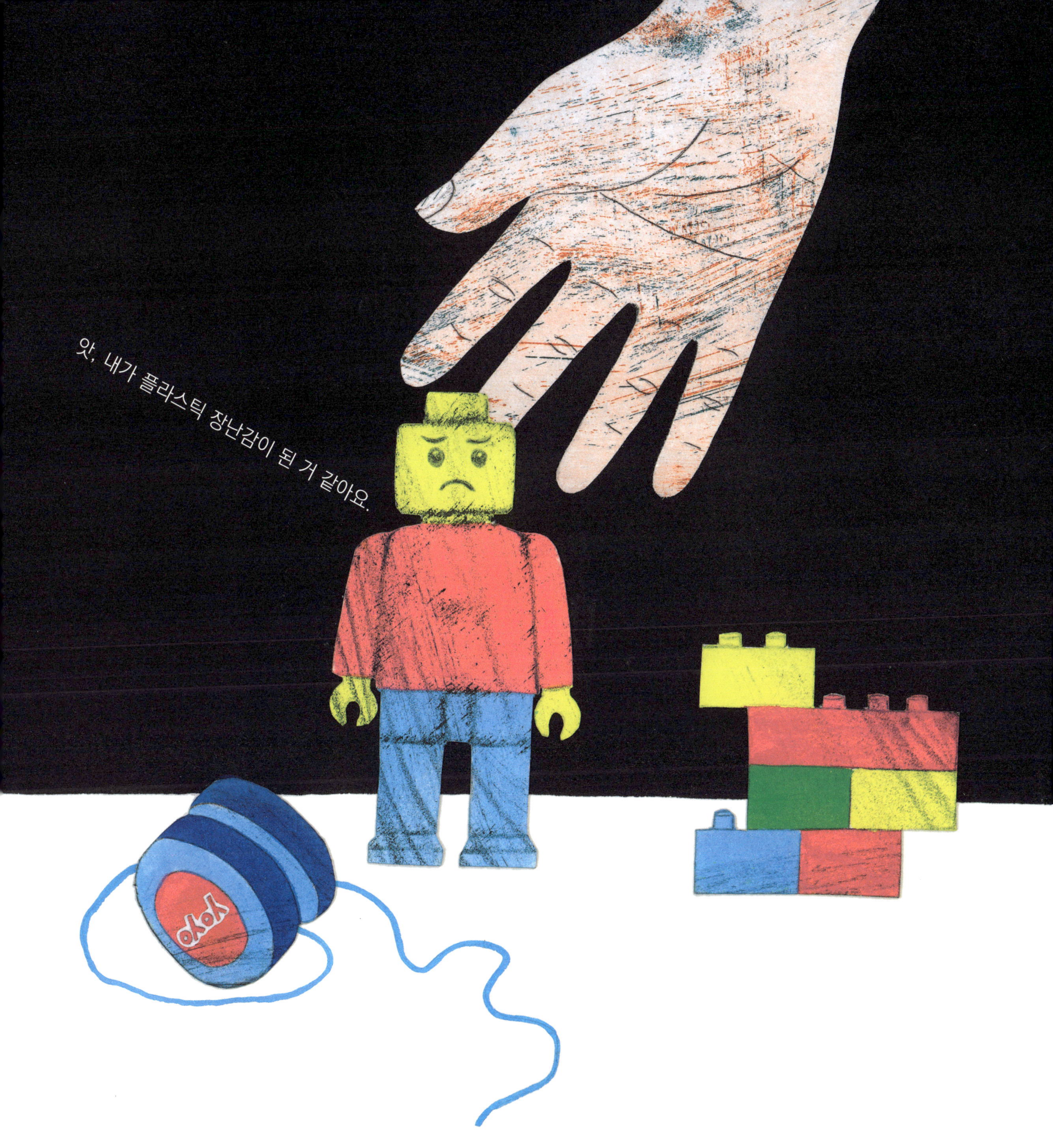
앗, 내가 플라스틱 장난감이 된 거 같아요.

걱정 마, 폴리야. 너를 위해 맛난 수프를 만들어 줄게.

바다에서 난 천연 재료로 만든 특별 수프란다.

플라수프 재료

꽃게 1kg **폴리에스터 점퍼 가루 2 ½ts**,
가리비 500g **페트병 알갱이 5g**, 굴 300g **아크릴스웨터 가루 3Ts**,
다시마 100g, 멸치 150g **플라스틱 오리 분말 2g**,
양파, 무 약간 **비닐 가루 1ts**, **스티로폼 가루 1ts**,
모든 재료를 넣고 보글보글 끓여요.

엄마, 이 수프 이름이 뭐예요? 미세미세한 맛 플라수프란다.

잘 먹겠습니다!

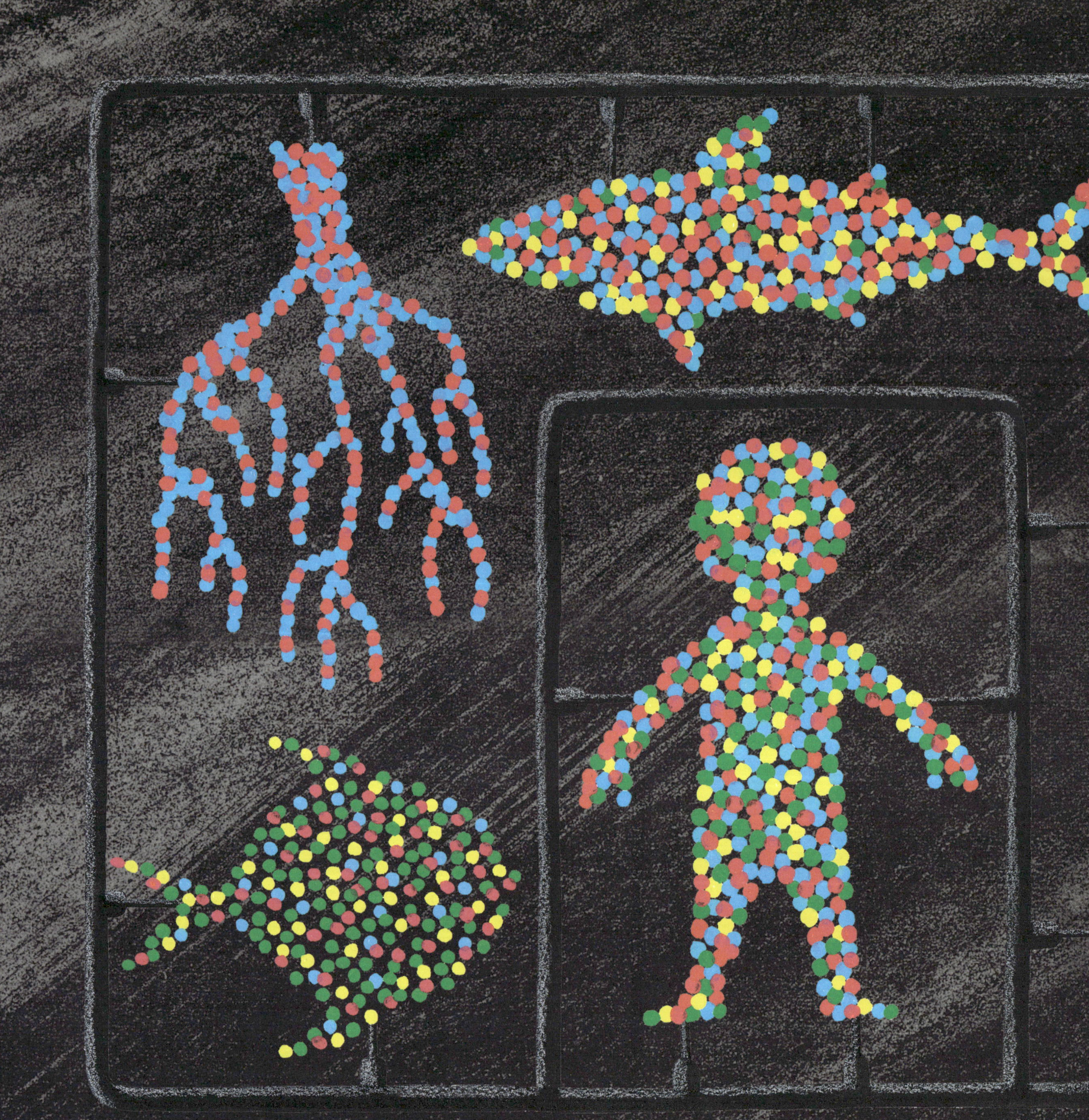

플라스틱 천국? 아니, 플라스틱 지옥!

플라스틱은 처음엔 아주 놀라운 발명품이었어요. 내용물이 새지도 않고, 망가지지도 않고,
아주 싼값에 만들어 낼 수 있고. 뭐든지 담아 두면 척척, 아무리 멀리 옮겨도 거뜬.
튼튼하고, 가볍고, 편리한, 정말 마법의 발명품이었지요.

사람들은 새로운 플라스틱을 자꾸자꾸 만들어 냈어요. 싼 가격에 편리하게 바로바로
만들어 쓰고, 버리고, 또다시 만들고, 사들여도 문제없었죠. 그러기를 100여 년.
그런데 그게 문제가 될 줄이야! 플라스틱은 썩지 않고 계속 쌓이기만 했어요.

자연에서 온 재료는 비바람에 풍화되고 미생물에 분해되고 돌고 돌아 자연으로 돌아가요.
그런데 플라스틱은? 우리 집에서 나온 플라스틱 쓰레기는 어디로 갈까요?
내가 버린 장난감과 일회용품 쓰레기가 가득한 저 플라스틱 자루는 어떻게 될까요?

플라스틱이 자연으로 돌아가는 데 걸리는 시간, 500여 년. 플라스틱 쓰레기에서 쪼개지고 쪼개져 나온
작디작은 플라스틱 가루도 저절로 없어지려면 똑같이 500여 년. 미세플라스틱은 땅속으로 들어가 흙을
싱그럽게 만드는 톡토기들을 죽이고, 강물로 흘러들어 가 물을 깨끗하게 만드는 물벼룩들을 죽여요.
흘러 흘러 강으로, 바다로, 비가 되어 다시 땅으로 흩어지고 퍼진 미세플라스틱은 땅속에, 물속에,
공기 중에 쌓이고 이런 흙과 물에서 나는 식재료를 즐겨 먹는 우리는 일주일에 신용카드 한 장씩을
먹는 셈이라고 해요. 정말 놀랍죠? 한 달이면 칫솔 한 개, 10년이면 타이어 한 개를 꿀꺽하는 셈이에요.
그러니 우리는 우리 손으로 열심히 미세플라스틱 수프를 만들어 먹는 셈이지요.

얼마 전엔 공기 중에도 미세플라스틱이 떠다니고 있음이 밝혀졌어요. 건축 자재나 자동차 타이어,
각종 포장재와 합성섬유, 페트병에서 나온 미세플라스틱이 공기에 잔뜩 뒤섞여 있는 거예요.
미세플라스틱은 1마이크로미터(=0.001밀리미터) 이상 5밀리미터 이하의 작은 플라스틱 조각을 말하는데요.
우리 몸에 들어와 세포를 죽이고, 알레르기 반응을 일으키고, 뇌로 가서 신경독성 물질이 된다고 해요!

미세플라스틱은 우리가 스스로 불러온 재앙, 따라서 우리가 해결해야 해요. 이미 바다로 땅으로
흘러 들어간 건 어쩔 수 없이 분해되기를 기다린다 해도, 그동안 우리가 할 일이 있어요.

오늘부터 용기 내 도전!

이제 플라스틱 봉투는 친절하게 사양하세요.
플라스틱 용기에 담은 물건도 과감하게 사지 말고,
필요 없는 사은품도 단호하게 거절해요.
어딜 가든지 용기를 들고 가서 용기를 내세요.
제 용기를 가져왔으니 여기에 담아 달라고요!
오늘부터 당장 용기를 내 보세요.

나만의 일회용품 다회 활용법

어쩔 수 없이, 플라스틱 일회용품을 사용하게 되었다면
되도록 여러 번 사용해요. 장바구니를 깜빡해 할 수 없이
받은 비닐봉지는 50번을 넘게 다시 써도 거뜬하거든요.
칸칸이 과자가 담겨 있던 플라스틱 박스는 서랍 속 굴러다니는
작은 물건을 보관하기 제격이고요. 다 쓴 마스크의 코 지지대는
케이블 타이로, 귀 고무줄은 고무밴드 대신으로!
나만의 방법으로 플라스틱 일회용품을 오래오래 사용해 봐요.

분리배출은 집집마다 + 기업마다!

각 가정에서 분리배출을 아무리 잘한다 해도 분리수거를 하는
업체에서 모두 합쳐 버리면 아무 소용이 없어요.
분리배출은 '비헹섞' 알죠? 비우고, 헹구고, 섞이지 않게 분류하기.
하지만 가정에서 이렇게 한다 해도 수거해 간 업체에서 다 합쳐
버리면 아무 소용이 없어요. 그러니 기업에서도 분리배출이 쉬운
포장재를 만들고, 재활용 업체에서도 플라스틱을 재질마다 따로
분류해서 재활용하도록 해야 해요.

하지만 재활용보다 더 중요한 것은 **플라스틱을 재사용하는 것,
그리고 덜 만들고 덜 쓰는 거예요.**

나라의 정책 + 개인의 발명

플라스틱 제품을 줄이기 위해선 한 사람의 노력만으로는 안 되고,
나라에서 법으로 규제해야 합니다. 예를 들어, 프랑스는 2019년
세계 최초로 2025년부터 판매되는 모든 세탁기에 미세플라스틱
합성섬유 필터를 장착해야 한다는 법안을 만들었어요. 합성섬유를
세탁할 때 떨어져 나온 미세플라스틱이 하수도를 타고 강과 바다로
흘러가는 것을 막기 위한 노력인 거죠. 유럽 연합은 2019년부터
화장품이나 건설 자재 같은 제품에서 동글동글한 미세플라스틱인
'마이크로비즈'를 못 쓰게 정했어요. 2022년부터는 10대 플라스틱
품목(식기류, 빨대, 면봉 등)의 생산을 금지하기로 했으며, 프랑스는
마트에서 플라스틱 포장재를 금지하도록 했어요.

우리나라도 2017년부터 화장품, 치약 그리고 세탁 세제와 섬유
유연제에 마이크로비즈를 못 쓰도록 정했어요. 이렇게 사회적으로
새로운 법을 만들어 지키거나, 개인의 참신한 발명품을 통해
플라스틱을 잡을 수도 있어요.

세탁기 속 미세플라스틱을 걸러 내는 '코라볼', 씹고 버린 껌을 모아
만드는 스케이트보드 등 플라스틱을 줄이기 위한 창의적인 발명이
계속되고 있어요. 여러분도 한번 도전해 보세요!
지구에서 플라스틱을 잡는 기막힌 방법을요!

폐플라스틱으로 만든 '힙'한 물건들!

'플라스틱방앗간'에 가 봤나요? 곡식을 찧거나 빻는 방앗간처럼, 다 쓴 플라스틱을 갈아서 새로운 제품을
만드는 곳이에요. 페트병과 병뚜껑은 재질도 다르고 색깔도 달라 함께 버리면 재활용하기 어려워요.
대신 병뚜껑 같은 플라스틱 조각만을 모아 플라스틱 가루를 내서 새로운 제품을 만들어 내는 거죠.
플라스틱방앗간 https://ppseoul.com/mill 병뚜껑만이 아니라 온갖 플라스틱을 재활용해서 열쇠고리,
탁상용 등잔 등 멋지고 힙한 물건을 만들기도 해요. 노플라스틱선데이 https://noplasticsunday.com

버섯으로 만든 충전재? 플라스틱을 먹는 벌레?

자연에서 얻은 물질, 옥수수 등 천연 재료로도 플라스틱을 만들 수 있어요. 그러나 문제는 자연적으로 썩어
없어지려면 온도는 섭씨 60도로 유지되어야 하고, 그 기간도 무척 오래 걸린다는 거죠. 미국의 친환경 기업
'에코베이티브 디자인'에서는 버섯을 연구해 포장재로 쓸 수 있는 버섯 스티로폼을 만들었어요. 가볍고
튼튼하며 땅이나 바다를 오염시키지 않고, 30일이면 자연스럽게 썩어서 다른 생물의 영양분이 되지요. 영국의 회사
'노트플라'에서는 해초를 재료로, 4~6주 사이에 분해되는 해초 플라스틱을 개발해 화제가 되기도 했고요.

또 플라스틱을 먹는 애벌레도 있어요. '꿀벌부채명나방'인데요, 이 많은 플라스틱을 없애려면 지구를 온통
꿀벌부채명나방 애벌레로 뒤덮어도 부족할지도 몰라요. 이렇게 자연에서 온 물질을 연구해 플라스틱을
줄이려는 노력은 세계적으로 계속되고 있어요. 플라스틱에 대한 새로운 소식과, 플라스틱을 대신하고
적게 쓰는 방법에 관해서 더 많은 걸 알고 싶다면 여기에 들어가 보세요. 피프리미 http://pfree.me

설마 이게 플라스틱이라고?

! 심심할 때 쏙 꺼내 씹고 휙 버리는 껌이 폴리 비닐 아세테이트나 폴리 초산 비닐로 만든다는 사실, 잘 모르셨죠?
무심코 껌을 뱉는 건 플라스틱을 마구 버리는 일이에요. 껌은 꼭 종이에 감싸 일반 쓰레기로 배출해 주세요!

!! 우리가 시도 때도 없이 편하게 쓰는 물티슈는 폴리에스터와 레이온을 섞은 플라스틱 합성섬유로 만들어요.
어쩌면 물티슈라는 이름보다는 플라스틱 티슈라는 말이 어울릴지도 몰라요. 그러니 이제부턴 물티슈보다 걸레나 행주를
빨아서 쓰면 어떨까요? 어른에게 부탁하지 않아도 그 정도는 할 수 있겠죠?

!!! 무엇보다 가장 놀라운 것은 바닷가 조약돌 사이에 있어요! 최근 영국 플리머스 대학 연구진이 잉글랜드 남서부 콘월주
일대의 해안가에서 조약돌로 위장한 플라스틱 쓰레기를 밝혀냈어요. 이 플라스틱 쓰레기는 언뜻 보면 조약돌처럼 보이지만,
성분을 분석해 보니 플라스틱 쓰레기였어요. '파이로 플라스틱'이라고 이름 붙인 이 쓰레기는 지질학자들도 속을 정도로
조약돌이나 암석과 비슷하게 생겼다고 해요. 이 책 면지에 그려진 것도 바로 이 위장 조약돌 파이로 플라스틱이에요.
언뜻 보기에 돌 같다고 속지 마세요. 그들은 플라스틱, 우리가 만들어 낸 재앙 쪼가리들이에요.

김지형 작가 노트

지금 지구는 온갖 쓰레기들로 몸살을 심하게 앓고 있답니다.

특히 우리가 쓰고 버리기 편리하다는 이유로 마구마구 만들고 사용하고
즉시 버리는 플라스틱이라는 녀석은 온 지구를 병들게 하는 나쁜 바이러스 같은 존재이지요.
사람들의 한 치 앞을 못 보는 생각이 이런 커다란 괴물을 만들어 낸 거예요.
조금만 더 멀리 내다보고 플라스틱을 만들고 사용했더라면 오늘날과 같은 재앙은 없었을 텐데 말이죠.

늦었지만 지금부터라도 우리의 지구와 어린이들이 살아갈 세상을 위해
좀 더 부지런해지고 지혜로워지는 건 어떨까요?

〈미세미세한 맛 플라수프〉도 최대한 환경을 해치지 않기 위한 노력으로
코팅이나 반짝반짝한 특수 가공을 하지 않았어요.
그런 까닭에 오염에는 조금 약할 수 있으나, 환경을 위한 작은 실천이라 여겨 주시면 어떨까요.

두마리토끼책은 〈작지만 □□한〉 이야기를 통해 자그마하고, 사소하고, 시시한 줄 알았던 것들의 힘과 중요함, 소중함을 전하고자 합니다.

우리 눈에 보이지 않거나, 너무 작아 알아채지 못하고 무심히 넘겼던 것, 하찮게 여겼던 것들이 '변치 않는 진리'와 '변치 않는 가치'를 담고 있다는 것을 책을 읽으며 함께 되새길 수 있기를 바랍니다.